中國歷史大冒險 ⑧

兩晉南北朝

方舒眉　著

馬星原　繪

U0111500

新雅文化事業有限公司
www.sunya.com.hk

目錄

每回附有：歷史文化知多點

輕輕鬆鬆 閱讀歷史！

　　中華民族是一個古老的民族；中國歷史上下五千年，堪稱源遠流長。整部民族的歷史，是我們集體的過去，是我們祖先的奮鬥歷程，是我們所以有今天的因果。鑑古知今，繼往開來，不認識自己的民族歷史，猶如無根的植物，是不行的。

　　讀歷史，要有方法。以漫畫作媒介，以圖像說故事，可以輕輕鬆鬆地閱讀歷史。只要小孩子主動地拿起來看，他就會認識了盤古初開、三皇五帝、夏商周以至唐宋元明清……雖然只是一個梗概，但心中埋下了種子，以後不會對歷史課感到枯燥乏味，這就是我們的目的了。

　　本系列前稱《歷史大冒險》（中國篇），自 2008 年出版以來，一直深受孩子喜愛。如今重新出版，並豐富其內容：在漫畫底部增設「世界歷史透視」時間線和「中外神話／歷史大比照」，讓孩子通過比較中西方發展，以更宏觀的角度學習歷史；每個章回後亦設有「歷史文化知多點」，介紹相關朝代的知識，並設有「想一想」的開放式問題，以培養孩子的獨立思考。希望孩子在輕鬆看漫畫之餘，也能得到更充實的歷史知識。祝各位讀者享受這次歷史之旅！

方舒眉

登場人物

Q小子

活潑精靈，穿起
戰衣後戰鬥力強。

A博士

歷史知識廣博，發明
了「中國歷史大冒
險」的時光網絡。

神龜

本來是遠古海龜，現
與Q小子和A博士一
起穿梭古代。

司馬衷

晉惠帝，在位期間發
生八王之亂，使西晉
國力大衰。

賈南風

晉惠帝之后，把持朝
政，殺害晉朝宗室司馬
亮及司馬瑋。

石勒

五胡十六國時期後趙開國君主，羯族人，厚待僧侶佛圖澄。

苻堅

五胡十六國時期前秦的君主，在淝水之戰中被東晉擊敗。

孫恩

五斗米道教主，領導民眾起兵反晉，最終失敗自盡。

劉裕

原為東晉將領，後篡奪政權，建立南宋，開啟南北朝。

蕭衍

南北朝時期梁朝的開國君主，篤信佛教，曾多次出家。

楊堅

原為北周大臣，逼周靜帝禪讓，建立隋朝，統一全國。

陳叔寶

南北朝時期陳朝的皇帝，不理朝政，終被隋朝滅國。

兩晉南北朝政權更替表

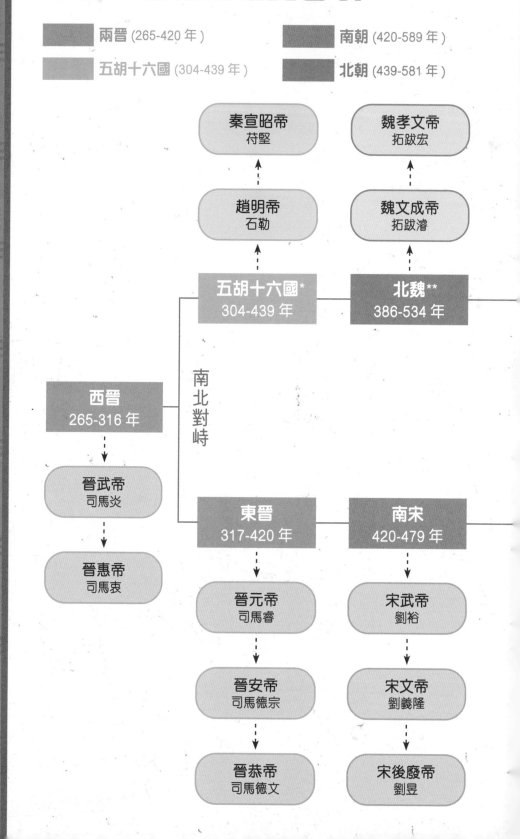

兩晉 (265-420 年)

五胡十六國 (304-439 年)

南朝 (420-589 年)

北朝 (439-581 年)

秦宣昭帝
苻堅

魏孝文帝
拓跋宏

趙明帝
石勒

魏文成帝
拓跋濬

五胡十六國*
304-439 年

北魏**
386-534 年

西晉
265-316 年

南北對峙

晉武帝
司馬炎

東晉
317-420 年

南宋
420-479 年

晉惠帝
司馬衷

晉元帝
司馬睿

宋武帝
劉裕

晉安帝
司馬德宗

宋文帝
劉義隆

晉恭帝
司馬德文

宋後廢帝
劉昱

兩晉南北朝時期出現多個政權，下表顯示了各政權的更迭和主要的皇帝名稱，看漫畫時參照此表，便能更清楚歷史時序了！

| 魏孝靜帝 元善見 | 齊文宣帝 高洋 | 周武帝 宇文邕 |

↑ ↑ ↑

周孝閔帝 宇文覺

↑

| 東魏 534-550 年 | 北齊 550-577 年 | 北周*** 557-581 年 |

統一

魏恭帝 元廓

↑

| 西魏 535-557 年 | 北周 557-581 年 |

統一

| 隋 581-619 年 |

↓

隋文帝 楊堅

| 南齊 479-502 年 | 南梁 502-557 年 | 南陳 557-589 年 |

↓ ↓ ↓

| 齊高帝 蕭道成 | 梁武帝 蕭衍 | 陳武帝 陳霸先 |

↓ ↓ ↓

| 齊東昏侯 蕭寶卷 | 梁敬帝 蕭方智 | 陳後主 陳叔寶 |

*　五胡指匈奴、鮮卑、羯、羌及氐五族；十六國指前趙、後趙、前秦、後秦、西秦、成漢、夏、前燕、後燕、南燕、北燕、前涼、後涼、南涼、北涼、西涼。

**　北魏於公元439年統一北方，北朝開始。

***　北周於公元577年統一北方。

7

時代簡介

　　兩晉南北朝（公元 265 年至 589 年）是中國歷史上一段長達三百多年的混亂時期，朝代更迭速度極快，多個政權並存。司馬炎篡魏建晉，史稱「西晉」。後來司馬氏諸王起兵爭奪權位，晉朝元氣大傷，北方胡族乘機入主中原。西晉皇室南渡以延續晉朝，史稱「東晉」，形成南北對峙局面。

　　公元 420 年，劉裕立宋，東晉滅亡，中國歷史進入南北朝時期：南朝先後有宋、齊、梁、陳四個政權的更迭，北朝則由外族建立了北魏、東魏、西魏、北齊及北周。

　　兩晉南北朝是一個文化衝突又融合的時代，在文學、哲學及科技等方面均有革新。此時也出現民族大融合的趨勢，比如北魏孝文帝的改革，進一步加速少數民族漢化的步伐。

第四十八回

豪門鬥富

　　蜀後主劉禪「輿櫬自縛」，對魏國不
戰而降。司馬昭把他安頓在洛陽做「安樂
公」，劉禪每日吃喝玩樂，樂不思蜀，不
思復國。三國鼎立之局，遂成為歷史……

蜀漢亡國之後，司馬氏以晉代魏；再過了十多年，晉武帝在公元280年滅吳，統一天下。三國混戰的局面終於結束，但最後勝利者卻非魏、蜀、吳任何一方，此之謂「三國盡歸司馬氏」。

可惜晉武帝並非治國之才，晉朝的政治非常腐敗黑暗……

因此在其後的三百年間，中國歷史上最混亂的「兩晉南北朝」時期登場了！

我讀這段歷史時，總是被什麼「五胡十六國」的名稱弄得頭昏腦漲……

中外歷史大比照 ➤ 公元 235 年至 284 年間，羅馬帝國先後出現 26 位皇帝，直至戴克里先成為唯一的羅馬皇帝後才結束亂局。

大內密探的身分要絕對保密，如果讓你們看了證件的話……

唯一的保密方法就是——咔嚓一刀！

請……
請……

保安工作，首先要檢查食物。

對！

該怎樣檢查呢？

我認為，最徹底的檢查就是……

試吃！

皇上駕到！

此人就是王濟。

皇上，這邊請！

上菜！

我們嘗過了，他府中的食物的確不錯！

當然啦，他聘用了最頂尖的廚師⋯⋯

上菜用的杯盤都是琉璃器皿⋯⋯

還動用百多個奴婢，如流水般送上美酒佳餚⋯⋯

哼！朕今天胃口不好，擺駕回宮！

皇上，改天再來喝酒啊！

晉武帝見女婿如此奢華，心裏感到不快，可是有人比王濟更奢華，例如石崇……

史書記載，石崇家連廁所也極為華麗！

厲害！

咦？你們不是皇上的大內密探嗎？皇上已經走了，你們還在這裏幹什麼？

中外歷史大比照　古羅馬執政官克拉蘇被視為羅馬歷史上最富裕的人，但他獲取財富的方式並不光彩，經常利用火災和戰亂斂財。

那麼我們走了，再見！

我們去石崇家考察廁所！

迷路了，石崇的府第也太大了吧！試試走這邊吧……

19

請問幾位客人
要去哪裏？

……

這裏進去就是了！

有客到！

貴客請進！

很豪華的房間呢！

還香噴噴的……

快走吧！我們一定是錯進了石大人的內眷寢室！

不！

是這裏沒錯！

史書記載，石崇家的廁所布置得富麗堂皇……

香氣四溢，更有婢女在旁侍候。

閣下方便完畢後，她們還會為你換上新衣裳呢！

唔……我的確需要換新衣裳！

不好意思！

再見！

為何西晉的風氣如此窮奢極侈？

皆因政治黑暗，於是大家都寄情於吃喝玩樂！

23

他們的豪門鬥富，還有很多誇張的事情呢！

你們想聽故事嗎？

想！

西晉有不少豪門，經常跟石崇互比奢靡的就有外戚王愷*。

石崇

王愷

有一次，王愷用紫色絲布做了一道四十里長的帷帳……

* 愷，粵音海。外戚指皇帝的母系家族或妻妾娘家的人。

24

石崇得知後……

哼！這有什麼了不起？來人，用錦緞做一道五十里長的帷帳！

王愷是晉武帝的舅舅，晉武帝見他敗下陣來，便拿宮中的寶物給王愷，為他撐腰。

嘿嘿，讓你見識一下，看清楚了……

這是兩尺高的珊瑚樹呢！

唔……

看清楚了，這是一根鐵如意。

你們有何事要稟告？快說！

各地饑荒嚴重，很多老百姓都沒飯吃！

哦，是真的嗎？他們太慘了！

請問皇上，我們該怎麼辦？

石崇的下場

享盡人間富貴的石崇，除了府第華美絕倫外，還擁有幾百名姬妾。綠珠是石崇的寵姬，美豔而善於吹笛，恍若天仙下凡，但石崇最後卻因為這位美人而喪命。

石崇原本依附外戚權臣賈謐（粵音物），但當賈謐被趙王司馬倫誅殺後，石崇亦被罷官。趙王的寵臣孫秀一直暗慕綠珠，眼見石崇失勢，便明目張膽地搶奪佳人。

石崇不肯獻出綠珠，因而得罪孫秀，被誣陷密謀討伐趙王，最終被殺。在他被捕前，綠珠墮樓自盡。後來唐朝詩人杜牧寫下《金谷園》一詩：「繁華事散逐香塵，流水無情草自春。日暮東風怨啼鳥，落花猶似墜樓人。」

不過石崇並不值得同情，他生性殘忍，常劫殺往來荊州的客商，又於宴席間無故斬為客斟酒的美人。禍福無門，唯人自招，正如押解他的士兵所説：「為什麼不早些把家財散了，做點好事呢？」

想一想

古時常有「紅顏禍水」之說，你認為石崇落得如此下場，是綠珠帶來的禍害嗎？

第四十九回

八王之亂

朕真聰明！傳下聖旨：解決饑荒之道，正是「何不食肉糜*」！

原來晉惠帝真是個痴愚皇帝！

他的爸爸也是傻瓜一個，不然怎會傳位給他？

不！因為他是長子，晉武帝只好傳位給他。

晉武帝也很擔心惠帝能力不足，所以在他還是太子時曾考驗他……

親自出了幾道治國問題要他作答。

考試？

* 肉糜：指把肉煮成糜爛的肉羹。

這位太子妃名叫賈南風，生性殘忍又善妒……

她請人作答題目，然後讓惠帝依樣畫葫蘆來交卷。

出貓！

答得好！誰説朕的兒子是痴愚呢！可以傳位給他了！

惠帝坐上龍椅後，賈南風也當上皇后。史書說她貌醜而善妒，生性殘忍。她為了奪權，設法挑撥諸王與朝廷大臣相鬥，使他們鷸蚌相爭，自己則坐收漁人之利。

輔政大臣楊駿，首先被汝南王司馬亮和楚王司馬瑋聯手殺死。

楊駿

接着，賈后又指司馬亮謀反，命司馬瑋
「奉旨」行事，派人把司馬亮除掉。

司馬亮

我們都中了
皇后娘娘的
計了！

哈 哈 哈

真是個蠢材！

來人！拿下這幾個來歷不明的怪客！

她殺了太子之後，趙王司馬倫看到機會來了……

禁衛軍們，賈后干擾朝政，皇上下旨，命我率兵去抓她問罪！

好！

這真的是皇上的旨意嗎？

管他的！我們聽從趙王吩咐，事成後大家自然升官發財啦！

衝呀！

司馬倫消滅了賈后的勢力，接着就逼惠帝退位，當上皇帝。

他並非名正言順地取得這個帝位，因此大封爵位來籠絡人心。

想往哪裏去？

他的所為衍生了一句成語，我們去看看吧。

汪～

* 狗尾續貂後來也指以壞續好，多指文學作品前後部分優劣參差。

臭小子！

你活得不耐煩吧！

手下留情啊！

現在才求饒，太遲了！

你誤會了！我是叫Q小子對你們手下留情啊！

* 冏，粵音炯；顒，粵音容；乂，粵音艾。

聽得我頭昏眼花，你乾脆説幾個姓司馬的「乒乒乓乓」打來打去，不就行了嗎？

咦？不對啊！

你説「八王之亂」，但我數來數去……

這裏只得六個王而已！

你還記得之前被賈后利用完就除去的司馬亮和司馬瑋嗎？加上他們就是「八王」了。

八王之亂本來是一場「內戰」，但有戰敗者竟引入關外胡人勢力相助⋯⋯

五路胡人分別是匈奴、鮮卑、羯、羌和氐族。他們自西晉以來，便不斷乘亂入侵中原！

這些胡人驍勇善戰，在中原爭霸，造成混亂，史稱五胡亂華，下開五胡十六國之局面。其中匈奴人於公元311年攻入晉都洛陽，引發永嘉之亂。

世界歷史透視

公元 304 年
匈奴人建前趙

公元 306 年
八王之亂結束

哈哈！這裏有三隻「兩腳羊」！

是羯族人！

這些傢伙真沒常識！我是龜，你們是貓⋯⋯

但他們卻說什麼「兩腳羊」！

他們不是沒常識，「兩腳羊」是古時中國人對人肉的別稱，史書上有記載羯族人吃漢人的事跡！

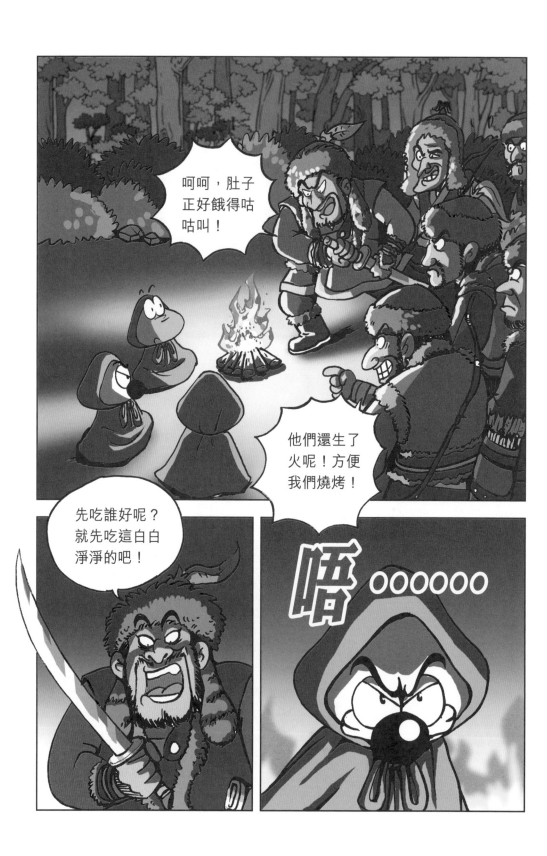

歷史文化知多點

晉朝大移民

衣冠南渡

五胡十六國之亂世，胡人進駐中原，晉朝臣民因此南渡，為漢族政權第一次大規模南遷，史稱「衣冠南渡」。

「衣冠」指衣服和帽子，晉朝士族峨冠博帶，衣着端莊，風度翩翩。由於平民百姓無力負擔龐大的搬遷費用，所以隨着晉室南遷的都是宗室大戶、官紳士族。而「衣冠」代表「文明」，喻意此次南渡為中原文明南遷。

東晉建都於建康（今南京），華北士族追隨晉朝南下，當中琅琊王氏和陳郡謝氏最早追隨，因而能進入東晉日後的權力中樞。另有中原漢人遷往福建（閩），主要為林、陳、黃、鄭、詹、邱、何、胡八大姓，故有「衣冠南渡，八姓入閩」之說。

祖逖北伐

東晉政權南遷至建康，雖有長江天險阻擋胡人南下，但仍有很多中原百姓被胡人統治，不少志士都希望能率兵北伐，光復中原，祖逖就是其中一位北伐將領。

祖逖年輕時已胸懷大志，刻苦鍛煉。他與好友劉琨志同道合，常同被而眠。有天睡至半夜，祖逖被一陣雞啼聲吵醒了，他喚醒劉琨起牀，二人提劍練武。此後每天他們都「聞雞起舞」，努力習武，日後成為了出色的將領。

可惜晉元帝司馬睿貪圖苟安，一心只想穩住江南政權，無意北伐，因此當祖逖請求帶兵北伐時，晉元帝只給他少量軍需物資，至於士兵和武器則由祖逖自行籌募。祖逖沒有氣餒，帶着軍隊渡江北上，幾年間便收復了黃河以南不少失地。

祖逖的節節勝利卻引來晉元帝的猜忌，派人處處牽制他。祖逖得不到朝廷支持，深感北伐之夢難圓，最終憂憤病逝。此後東晉雖然多次北伐，但最終都徒勞無功。

想一想

如果你是東晉皇帝，你會否支持北伐？為什麼？

第五十回

五胡亂華

嗖

怕什麼，我們人多，一起上吧！

我們也一起戰鬥吧！

這傢伙好像沒什麼戰鬥力，讓我來撿這個便宜吧！

A博士用的是
什麼武器?真
厲害啊!

那是能產生百
萬伏特高壓電
的電槍!

快逃呀！

不可做逃兵！

嘩！他是什麼人？

他就是羯族的猛將石勒！此人驍勇善戰，後來稱帝，他所建立的國家史稱「後趙」。

神龜加油！

閣下是佛圖澄大師嗎？

正是！

你為何會被石勒捉住呢？

我也不知道啊！我從西域來中土傳揚佛教，卻糊裏糊塗地被他捉住了。

我沿途所見，大好河山滿目瘡痍，屍骨堆積如山，真是人間地獄啊……

眾生太苦，我要向他們傳揚佛教奧義，使眾生脫離苦海……

你只要好好震攝石勒，他就會尊崇你，讓你在他境內傳播佛教。

太好了！我該怎樣做呢？

你依計行事便可以了，如此如此……

Q小子，過來！

神龜已打了很久，太辛苦了，你去收拾石勒，然後帶他過來！

好的！我想借你的電槍一用。

大塊頭，你一身重甲，的確不好對付呢！

我冒犯了靈貓大師，請恕罪！

還有這位佛圖澄大師，其實他的法力比我更高強呢！

真的嗎？我可否見識一下？

看清楚了，我這裏有一個空缽。

阿彌　陀佛……

他想幹什麼呢？難道要我替他化緣嗎？

在缽中注入清水……

別眨眼！

大師神通，的確厲害……

請大師在我境內弘揚佛法！

這僧侶真的有神通*嗎？

史書確是這樣記載，但我剛才也給了他一些「超速生長肥料」，所以那蓮花就在頃刻之間開花了！

佛圖澄其後在中土傳揚佛教，共建了近九百座寺院，培育出無數佛門弟子。

我們要走了！

阿彌陀佛，謝謝！

* 神通是佛教術語，指透過修禪而得到超凡的神秘力量。

佛圖澄大師，不如你用神通把我們送走吧！

我們現在去哪裏？

晉軍被胡人打得大敗，晉朝君臣唯有渡過長江，南逃至建康（今南京）重建政權⋯⋯

而史上稱之前的晉朝為「西晉」，南渡後的晉朝為「東晉」。

中外歷史大比照　公元4至7世紀，歐洲亦出現民族大遷徙，羅馬帝國不斷受到日耳曼人、斯拉夫人、匈人等侵擾。

另一方面，氐族人苻堅*基本上統一了北方，建立秦朝（史稱前秦）。

苻堅一心要消滅東晉，統一全國，於是率領百萬大軍渡江……

我們來到了長江邊，去看看苻堅軍營吧！

* 氐，粵音低；苻，粵音扶。

73

東晉的千古功臣──謝安

東晉政權在建康成立，不少士族都跟隨南遷，其中陳郡謝氏是東晉時期最為有名的士族之一，家族人才輩出，丞相謝安更是保衞東晉江山的大功臣。

謝安雖然出身名門，但他生性淡泊，勉強做了一個月官就請辭，隱居東山，直至後來因要維護家族利益才再度出仕。在與前秦的淝水之戰中，朝廷上下皆擔心寡不敵眾，謝安為了安撫人心，表現得鎮定自若。當前線傳來捷報時，謝安正與客人下棋，他不動聲色地看完軍報，就隨手將之放在旁邊，反而客人忍不住打聽，他才輕描淡寫地回答：「小兒輩大破賊。」

送走客人後，謝安再也按捺不住內心的喜悅，興高采烈地走進室內，卻把木屐底的屐齒給折斷了，這就是成語「屐齒之折」的出處，形容人內心喜悅不已。謝安在此戰役中精心部署，成功擊退前秦，聲望大增。

想一想

你認為謝安為什麼不在客人面前表現喜悅之情？他的處事態度有何值得學習之處？

第五十一回

淝水之戰

符堅（公元 338 年至 385 年），字永固，又名文玉。氐族人，於「五胡十六國」時期建立前秦，號稱大秦天王。

符堅統一北方之後，便積極部署軍隊南渡長江攻打東晉。公元 383 年，他親率步兵六十萬、騎兵二十七萬大舉南侵。

啟稟大王，營外有使者自稱靈貓大師求見……

靈貓大師？請他進來！

符先生你好！

閣下就是靈貓大師？

噢，不是！他才是靈貓大師，我是傻貓大師！

不過靜靜告訴你，我的法力比他更強呢！

我勸你，最好不要攻打晉國，因為必敗無疑！

請說清楚，何以我軍必敗？

因為有長江天險阻隔！

你們是晉國派來的吧？

呵呵呵

當年的吳王夫差，與三國時的吳國，都未因所謂的長江天險而保得住國土。

何況現在我麾下有百萬大軍，只要我們去到長江邊……

待我一聲令下，命士兵把馬鞭投入江中，足可截斷長江水流！

對啊！後世就因你這句豪言而有「投鞭斷流」這成語，比喻軍隊眾多，兵力強大。

符堅一意孤行要打這場戰役，還衍生了另外兩個成語。

是哪兩個？

草木皆兵！

風聲鶴唳！

妖言惑眾！

79

符堅尚未擬出進攻之策，卻先傳來了壞消息……

報告主公，我軍在洛澗遭晉軍偷襲，已經失守！

符堅一驚，遙望對岸形勢，只見晉軍營帳整齊，軍容威武，再看遠處的八公山，隱隱約約不知還有多少晉軍……

多麼強大的敵人啊！之前太過輕敵，估計錯誤了！

其實八公山上根本沒有晉兵，只是符堅心虛，把草木都看作是敵人而已。

這就是草木皆兵！

* 謝玄乃丞相謝安的姪子，在淝水之戰中領兵對抗前秦。

信不信由你。

我來助你快點決戰！兩軍隔江對峙，拖拖拉拉的⋯⋯

這有什麼意思？

你把軍隊稍稍往後撤，騰出地方讓晉軍渡江上岸⋯⋯

如此雙方便能夠痛痛快快地打一場了！

唔⋯⋯也有道理！

* 據史書所載，謝玄向苻堅請求秦軍後撤，以渡江決勝負；秦軍後撤時，被俘的晉軍將領朱序於秦軍中高呼「秦軍敗了」，使秦軍潰散。

嘩！兵敗了！快逃命啊！

　　符融的戰馬在亂軍中失足倒下，
晉軍衝上來，一刀把符融砍翻在地。
　　主將一死，秦兵更是羣龍無首，
四處亂竄⋯⋯

不好了！符融將軍戰死沙場，皇上還是快逃為妙！

一枝飛箭射來，符堅肩膊中箭，也顧不得疼痛，策馬奪路而逃……

秦軍狼狽敗逃，
一路上膽戰心驚，將
風聲和鶴鳴聲都當作
是晉軍追兵的聲音。

這就是成語
「風聲鶴唳」
的出處。

苻堅後來怎
樣了？

淝水之戰一役後，前
秦國力大減，苻堅終
被叛將姚萇*篡位，
落得被殺的下場。

*萇，粵音長。

歷史文化知多點

胡漢融合

改革先鋒——北魏孝文帝

南北朝的「北朝」是胡漢融合的時代。北魏由鮮卑人建立，第七位皇帝孝文帝是一位主張胡族漢化的君主。

孝文帝繼位時年紀尚幼，由祖母馮太后攝政。馮太后為漢人，在輔助幼帝時已實行改革。孝文帝深受儒家思想薰陶，親政後更大刀闊斧地推行胡人漢化的措施。他遷都洛陽，實行漢族的官制和法律，提倡國民由遊牧生活改為從事農業生產，又鼓勵胡漢通婚。此外，他改革鮮卑的舊風俗，規定國民必須穿着漢服和說漢語，更改姓氏為漢姓，他自己也改姓「元」。

為了全面改革，孝文帝下令違背者須嚴加懲治。太子元恂不喜漢族文化，拒說漢語、不穿漢衣，甚至聯同反對漢化的貴族意圖叛變，孝文帝一怒之下將其廢黜，可見孝文帝漢化改革的決心。北魏在其改革下，社會、經濟等各方面不但大大發展，更促進了胡漢融合。

胡族文化的影響

胡人進入中原定居，受到漢族文化的影響，同時亦把自身的文化輸入到中原，為漢人的日常生活帶來了不少改變。

椅子是現代家居裏不可缺少的家具之一，但其實在漢魏之前，漢人都是席地而坐的。胡牀在漢魏時期傳入中原，雖名為牀，但實際上是一種可摺疊的輕便坐具。隨着胡牀的傳入，漢人才開始垂足而坐。不過要到唐朝的時候，桌、椅等高足家具才逐漸在中原流行起來。

在南北朝時期，胡服亦漸漸為漢人所接受。以往漢人的服飾都是寬袍闊袖，腳穿木屐或布履；而胡人過着遊牧生活，為了方便騎馬、狩獵，他們的衣袖較窄，穿長筒皮靴。根據北宋人沈括的《夢溪筆談》所載，自北齊以來，中原地區就全部採用胡人的服裝。

除了胡服外，胡人的食物和音樂亦傳入中原，例如飲奶酪、吃胡餅，演奏琵琶、羌笛等樂器，豐富了漢族的文化內涵，體現了民族融合。

想一想

你認為文化有沒有高低之分？孝文帝強逼鮮卑族人放棄自身的文化，這樣做是否恰當？

第五十二回

孫恩之亂

東晉末年，朝政混亂，民怨四起。「五斗米道」教主孫恩於公元 399 年聚眾造反，很快便發展到十多萬人⋯⋯

Ａ博士，什麼是五斗米道？

你只懂「倒米」！

五斗米道又名天師道，據說是東漢時由張道陵所創立⋯⋯

入道者須向道壇奉獻五斗米，故名五斗米道。

不如我們動動腦筋，搶他們生意吧！

不過這位孫恩頗有籠絡民心之能，聲勢頗為浩大呢！

失禮！

只要追隨我，過不了幾天，你們都可以穿官服上朝了！

我們穿官服上朝？什麼意思？

即是説他當上皇帝啦！

可惜！這個好夢很快便醒，因為北府兵打過來啦！

北府兵？!

北府兵是晉軍的皇牌，由名將謝玄所建立，曾在淝水之戰中一舉擊敗前秦大軍。

而北府兵中有一名勇將，名叫劉裕……

孫恩每次跟北府兵對壘都吃盡苦頭，所以一聽北府兵來了就大驚失色，「修正」他的皇帝夢。

能守住目前這地盤，已經很不錯了……

孫恩兄，再過幾天你又會改口的了！

改什麼？

你會說，即使逃走也沒有什麼丟人的！

99

孫恩自封為征東將軍，稱他的部下為「長生人」。
他聚眾造反，其實沒有任何政治理念，只是帶着大夥像
流寇一樣東奔西走，根本沒有經營根據地的打算。

稟教主！北府
兵銜尾窮追，
已相當接近我
們……

若再不加快行
軍速度的話，
估計兩天後便
會被追上！

我軍有不少人
拖兒帶女，這
會影響行軍速
度……

傳下
命令！

嗚……

嗚……

別哭！

你們的孩子去了仙境，我們最終也會重聚的！

孫恩這傢伙，打不過北府兵便遁回海島，整頓兵馬後又東山復出……

如此幾番「起義」，他終於在公元402年被北府兵打敗，走投無路，投海自盡……

我認為晉朝氣數已盡，皇帝之位應該禪讓予我，劉將軍認為如何？

晉室衰敗，早已失去民心⋯⋯

丞相取而代之，正是順應天命之舉！

你也如此認為，那麼我就放心了！

但劉裕又豈是善男信女？他敷衍着桓玄，暗中卻另有打算⋯⋯

公元404年，劉裕召集兩千人馬殺奔京城，以「勤王」之名向桓玄宣戰。

105

桓玄大怒，派出幾萬大軍向劉裕迎頭痛擊⋯⋯

在生死存亡之際，劉裕脫掉上衣，以勇不可擋之氣勢衝向敵陣，部下深受感染，也以一敵十衝鋒陷陣。結果兩千兵馬居然把幾萬大軍打得落花流水，大敗而逃。

桓玄最終兵敗被殺，劉裕迎回晉安帝後，論功被封為車騎將軍，執掌朝政大權。

劉卿家平身！

歷史文化 知多點

兩晉南北朝的傑出女性

東晉才女謝道韞

　　《三字經》中有這樣的一句：「謝道韞，能詠吟，彼女子，且聰敏，爾男子，當自警。」裏面提及的謝道韞出身東晉的名門謝家，是丞相謝安的姪女，名將謝玄的姊姊。雖為女子，但其才氣比男兒更過之而無不及。

　　有一次，謝安舉行家族聚會，與後輩談論詩文。忽然外邊下起大雪，謝安便問：「這白雪紛飛的，你們說說像什麼？」姪兒謝朗答「撒鹽空中差可擬」，意思是雪就像將鹽撒於空中後紛紛落下一般。謝道韞聽後，便說：「未若柳絮因風起。」她認為以柳絮隨風飛舞來形容漫天飄雪更貼切，謝安聽後，非常滿意地笑起來。

　　謝道韞亦非嬌滴滴的文弱女子。在孫恩之亂時，丈夫王凝之守於會稽，但卻防守不力，在逃亡時被亂軍所殺。謝道韞聽聞敵軍來臨，仍然氣定神閒，甚至拿起刀出門殺敵。雖然謝道韞與其外孫最終被抓，但孫恩敬仰她的才情和氣魄，最後把他們都釋放了。

北朝英雌花木蘭

　　北朝戰事連連，各家各戶的男丁都被徵召當兵，當中不少年紀老邁者也不能倖免。民女花木蘭迫不得已，女扮男裝代父從軍，此感人故事被記載於北朝民歌《木蘭辭》中。

　　《木蘭辭》是北朝著名的民間敘事詩，其影響深遠，連唐代詩人杜甫的《草堂》也汲取了《木蘭辭》的表現手法，而後世更創作了不少有關花木蘭事跡的戲劇及電影等。

　　不少學者相信花木蘭的故事並非虛構，一直考究其籍貫、姓名和事跡。花木蘭從軍十年，成功抵禦北方外族的侵略，征戰歸來時加官進爵，但她並不接受，只希望回復女兒身，重過平淡的生活，展現出花木蘭純樸高潔的情操。另外，更有說花木蘭的軍職不必與男性同營帳，從而可解釋她女性的身分可久未被發現，但這仍待考究。

　　雖然花木蘭的籍貫和真實姓名眾說紛紜，但直到現在，花木蘭仍是為後人所讚頌的偉大女英雄。

想一想

古代有「女子無才便是德」的說法，你同意嗎？

第五十二回

宋齊梁陳

公元 420 年，劉裕逼晉朝的末代皇帝晉恭帝司馬德文禪讓，登基稱帝，改國號為「宋」，是為宋武帝。東晉滅亡，南朝開始。

劉裕因出身寒微，所以頗能體恤老百姓疾苦。他的兒子宋文帝亦能延續其政，國家大治，史稱「元嘉之治」。

北朝
魏

南朝
宋

在南朝的宋文帝元嘉十六年（公元439年），北方亦由北魏統一。

自此之後的百多年，中國長期處於南北分裂局面……

史稱南北朝（公元420年-589年）！

世界歷史透視

公元 420 年	公元 439 年
劉裕建宋	北魏統一北方

老臣無辜！
請皇上高抬
貴手！

皇上，我也認為蕭
大人的肚子很好
玩，不過一箭射死
就沒意思了！

說的也是，
那麼用布把
箭頭包起來
吧！

哈哈！太好玩了！下次再玩吧！

還有下次?!

看來不是他死，便是我亡……宜先下手為強！

結果蕭道成造反了嗎？

不，正當他有此企圖時……

卑職有要事求見蕭道成大人！

府蕭

皇上被他身邊的侍衛行刺，已經駕崩了⋯⋯

宮中現在亂作一團，太后請你立即進宮議事！

天有眼！這小魔王死了，我不必每日都擔驚受怕！

蕭道成擁立宋明帝第三子劉準為帝，稱宋順帝。

皇上有旨：封蕭道成為相國、齊王、驃騎大將軍，輔助朝政⋯⋯

嘿嘿，所有權力都集中於我手了！

兩年後（公元479年），蕭道成見時機成熟，就逼宋順帝禪讓帝位給他，改國號為「齊」，稱齊高帝，史稱南齊。

南宋（公元420年-479年）＝59年
南齊（公元479年-502年）＝23年

但南齊國祚不長，只維持二十三年就結束了！

這個短命皇朝的末代皇帝，是後世稱為東昏侯的蕭寶卷。

你的父皇駕崩，你為何不哭？

哈！輪到我做皇帝，笑都來不及呢！

我眼睛痛，不方便哭！

蕭寶卷即位後不理朝政，竟然只醉心於雜技！

世界歷史透視

他不但沈溺雜技，還貪財好色。只要他知道民間有奇珍異寶和美女，就會不擇手段地弄來，惹得天怒人怨。

出身南齊皇族宗室的蕭衍乘機發動兵變，推翻這個倒行逆施的「雜技皇帝」。

喃無喃無……

這位師父，我知道你的真正身分！

你……你知道？

閣下就是梁武帝！

你有皇帝不做，竟然跑來寺廟當和尚?!

對！

朕……咳，老衲已經看破紅塵，此後要捨身事佛，從此青燈木魚，努力修行。

國不可一日無君，你快回去吧！

對啊！沒有老闆，誰出糧呢?!

蕭衍老兄，不可以這樣任性，天下要大亂了！

不，我心意已決！除非……朝廷用銀兩將我贖回吧。

蕭衍老兄你沒改錯名，你真會「消遣」別人！

據說，梁武帝「捨身事佛」四次，三次要用錢贖回，共花了四億鉅款！

太好了！我做了好大的功德！

寺泰同

梁武帝晚年糊裏糊塗，終導致「侯景之亂」……

我們要告戒他嗎？

沒用的！

侯景本是北朝東魏的大將，反叛失敗後歸附梁朝。豈料不久他又叛梁，起兵攻入梁朝都城建康……

侯景

唉，朕錯了！

梁武帝成了侯景的階下囚，既後悔又羞愧，侯景更斷其飲食，梁武帝激憤不已，最終病死⋯⋯

梁朝勇將陳霸先，立即招兵買馬赴京平亂。

侯景大人，怎麼辦？

敵軍人多勢眾，只好避一避⋯⋯

侯景匆忙率領親信逃亡海上，但最後被其叛變的部下所殺。

陳霸先平定叛亂後，擁立蕭方智為帝，是為梁敬帝。

唔……這陳霸先是位忠臣呢！

當大局已定，他又照樣搬出「禪讓」的劇目了！

唉，所謂「忠臣」是稀有動物啊！陳霸先其實也是一位野心家。

公元 557 年，梁敬帝禪讓帝位予陳霸先，改朝換代為陳朝。陳朝是南朝的最後一個皇朝。

歷史文化知多點

南北朝的佛教文化

雲岡石窟

南北朝時期佛教興盛，豐富了中國的建築藝術，位於今山西省大同市的雲岡石窟就是建於北魏時期。石窟是建造在岩石、山崖上的寺院，由多個洞窟組成。雲岡石窟是中國最大的佛教石窟之一，與莫高窟、龍門石窟以及麥積山石窟（另一説是大足石刻）被譽為中國四大石窟，2001 年更被聯合國教科文組織列為世界文化遺產。

北魏時，太武帝因信奉道教而施行了一系列排斥佛教的政策，導致佛教衰落。到了文成帝繼位後，才下令復興佛教。僧人曇曜（粵音談耀）向文成帝上書，請求開鑿石窟，後世稱為「曇曜五窟」（第 16 至 20 窟）。

曇曜五窟的每個洞窟內都刻有龐大的佛像，相傳是象徵北魏早期的五位皇帝，非常宏偉壯觀，其中第 20 窟的主像便高達 13.7 米。文成帝以後的北魏皇帝繼續開鑿石窟，現存的洞窟約有 50 多個，內有 5 萬多尊石像及精美的壁畫，是中國石刻藝術的寶庫。

▲ 雲岡石窟的第 20 窟

梁武帝與佛無緣？

　　梁武帝蕭衍聰穎機智，文武全才，為南朝在位最長的皇帝。他篤信佛教，在位期間大建寺院、佛塔，並禮遇僧人，在全國推動佛教發展。此外，梁武帝廢除奢侈的宮廷生活，不論宴會、祭祀，甚至日常生活都按照佛教戒律長齋素食，更以佛教「眾生平等」的思想為施政理念。

　　梁武帝雖然仁厚愛民，但他過於專心研讀佛經，疏於朝政，國家大小政事無人主理。有次他得知佛教宗師達摩來到中土，便急召達摩到宮中，炫耀自己推行佛教的成果，還自信滿滿地問：「我有多少功德？」達摩看穿梁武帝的修行，只為建立他心目中所謂的「功德」，對於解救人間疾苦的佛理不甚了了，於是直接回應他：「實無功德！」

　　可惜達摩的說話沒有讓梁武帝醒悟，使他回首關注蒼生萬民的福祉，他只顧出家唸佛，置江山社稷於不顧，終引至侯景起兵叛亂。他失掉江山之餘，最後更喪命於宮中。

想一想

南北朝時期，很多百姓信奉佛教，你認為這與當時動盪的社會有什麼關係呢？

第五十四回

南北統一

現在説説南北朝的「北朝」吧！

北邊的魏國，經過多年戰亂動盪，於公元534年分裂為東魏和西魏兩個政權。

公元 550 年，東魏由高洋簒位，改國號為齊（史稱北齊）。

公元 557 年，宇文覺取代西魏，建立周朝（史稱北周）。

北齊開國皇帝高洋，史書記載他是一個暴君，嗜酒無量，殺伐無度，總之是喝了酒就完全失控的魔王。

換句話說，就是個「神經病」！

中國人真可憐！為何歷史上有那麼多這種皇帝？

他們的皇位都是經過不知多少腥風血雨、陰謀詭計才得來的，能爬上那個寶座的人，難免心理都有些問題！

據說高洋喜歡披頭散髮，到處亂跑，即使寒冬也不穿衣服，心血來潮就以殺人為樂。

131

咦？Q小子，你去了哪裏？

忍不住去教訓那個殘暴皇帝高洋！

你不可改動歷史啊！

放心啦！我只踢了他一腳而已。你繼續説下去吧！

幸好這個嗜酒、殘暴、瘋狂的皇帝很快就駕崩……

按照傳統，皇帝或貴族死後，後人會根據他們的生平追封「諡號」*，而高洋的諡號為「文宣」。

有大臣就説，他那麼暴虐，怎能稱之為「文」呢！

對極！

*諡，粵音試。

132

至於西魏政權，其實一直由宇文氏家族把持。公元 557 年，西魏恭帝被迫禪讓帝位予宇文覺，並改國號為周，史稱北周。

其實宇文覺也只是傀儡，其叔父宇文護才是手握大權的「太上皇」。

宇文護雖然不想做皇帝，但對維護權力絕不手軟，先後毒殺兩個不聽話的皇帝……

宇文護挑選的第三任皇帝宇文邕*，非常懂得研判形勢，對宇文護言聽計從，非常恭敬。

在宇文邕韜光養晦十二年後，終於找到機會把宇文護剷除。

唉，殺來殺去的，真是不想再看下去了！

沒辦法，不民主的權力交替就是如此。

所以有皇室中人哀歎：願生生世世，都不生在帝皇家！

宇文邕雄才大略，很有一番作為。在他治理下，天下歸心，國勢也日益強盛。

* 邕，粵音翁。

公元 577 年，北周消滅北齊，宇文邕得以統一
華北。這時，隋朝開國君主楊堅也出場了……

楊堅（公元 541 年 -604 年），
本是西魏的大臣，北周時官拜驃騎
大將軍，後來更把女兒嫁給宇文邕
之子宇文贇 * 為太子妃。

宇文邕死後，楊堅身為國丈，
封大司馬、上柱國，權傾天下。

樹大招風，北周宗室
宇文氏家族開始對這位外
戚有了戒心。

他們一定會千
方百計將我剷
除！得想想辦
法……

* 贇，粵音温。

機會來了，宇文贇突然暴斃，楊堅控制大局秘不發喪，又假傳聖旨，把軍政大權牢牢抓住。

聖旨

楊堅恐怕北周宗室諸王在外叛變，於是假借護送公主出嫁突厥為由，召諸王進京朝見……

你們留在京城享福吧，不必在外帶兵那麼辛苦了！

趙王宇文招、陳王宇文純、越王宇文盛、代王宇文達和滕王宇文逌*在毫無防備的情況下，唯有乖乖交出兵符，被奪軍權。

兵符，又稱虎符，是古代調兵遣將的信物。

多以青銅或黃金製成，中分兩邊，一半交與將領，另一半由皇帝保存，兩半合成方能調兵。

楊堅眼見大局已定，再無後顧之憂，就逼北周靜帝寫下退位詔書，安排禪讓帝位……

又是這個戲碼？真是一點新意也沒有！

欺騙觀眾！

* 逌，粵音由。

137

沒辦法，他們雖是謀朝篡位，但對外卻要表現出登位是名正言順的。

直至後來宋太祖趙匡胤繼位，禪讓帝位在中國歷史上才正式落幕。

楊堅本為隨州刺史，又世襲為隨國公……

於是順理成章改國號為「隨朝」！

對！不過要注意，他所建立的隋朝，當中的「隋」是沒有「辶」的呢！

為什麼？

哈哈，這是因為忌諱！

楊堅認為「隨」字中的「辶」俗稱「走之旁」，有一走了之的敗象，故造了一個新的「隋」字。

世界歷史透視

隋文帝楊堅也頗有一番作為，他執政後，節省政府開支，廢除雜稅，社會得到很大發展，史稱「開皇之治」。

隋朝還開創科舉考試制度，打破貴族一直壟斷仕途的局面，使有才能的貧窮子弟也可一展抱負。

我要報仇！

南方的陳朝政權只顧享樂，對楊堅沒有絲毫威脅，但北方的突厥卻是大患，其中嫁給了突厥可汗的北周千金公主是關鍵人物。

她為了報宇文氏被篡位誅殺之仇，屢次慫恿可汗出兵攻打隋朝。

公元 581 年

楊堅建隋

公元 589 年

隋滅陳，統一南北

突厥，是關外（山海關以北）的一支強大遊牧民族。由於他們時常侵掠邊境，北周宇文氏掌權時採取安撫政策，不但賞賜財物，更以宗室公主下嫁突厥可汗。

楊堅殺我父親，奪我宇文氏江山，你要給我報仇！

隋朝軍隊算得什麼，我以大可汗之名，正式向楊堅宣戰！

公元 582 年，四十萬突厥大軍打着為北周復仇的旗號壓境而來，旌旗蔽天。

楊堅一方面派兵禦敵，另一方面採取離間分化的策略，派人收買突厥的其他小可汗……

報告大可汗！有消息指你的叔姪準備造反！

有這樣的事？為免腹背受敵，立即收兵回朝！

分化計策成功，突厥分為東突厥和西突厥互相牽制……

北面威脅已減，我可專心對付南方的陳朝了！

當時南方陳朝的皇帝是陳叔寶，史稱陳後主。此君完全沒有治國的才能⋯⋯

他只愛縱情聲色，整日與妃嬪和寵臣飲酒遊宴，對國家大小事務置之不理。

陳叔寶治國無才，卻對填詞和樂曲甚有研究，曾創作《玉樹後庭花》，命人奏樂演唱。

啟稟皇上，大事不好！隋朝正準備派大軍攻打過來！

混帳！竟為這等小事來敗我雅興！

朕受天命為帝，更有長江天險保護，隋軍根本過不來！

我已盡力警告你，你不聽我也沒辦法。

等等！你是誰？怎麼從沒見過你？!

莫非……

有刺客啊！

143

哼！陳後主這傢伙真是冥頑不靈！

他對任何勸告都聽不入耳，很多官員因直諫而被他砍頭呢！

你真好運，腦袋還在！

我早叫你不要去。

公元 589 年，農曆正月初一。

陳朝京都建康，城內一片歌舞昇平，百姓歡度新年⋯⋯

145

敵軍如此強悍，我軍主動出擊，若打不過就危險了⋯⋯

朕意已決，守城為上！

次日⋯⋯

朕想了一晚，還是主動出擊為佳！

立即掃平隋軍，天下太平！

哈哈

陳後主其實方寸已亂，陳軍也毫無士氣，一戰即敗。

147

放心吧！隋軍軍紀不錯，應該不會亂來！

你説得輕鬆，又不是你的腦袋！

刀口之下，可不能亂試運氣，朕另有妙計！

看你有何妙計。

我躲入這口枯井之中避禍，你切勿洩露我的行蹤！

真笨！

149

不！不要丟石頭，
我們出來了！

哈哈！我拋根繩子把你拉上來！

嘩！這麼重！

怪不得！這傢伙把妃妾都帶了下去！

陳後主與一眾亡國大臣被押送到長安，據說路上連綿五百里不絕……

這麼多官員，卻對敵人的侵略毫無招架之力，可見朝廷由上而下盡是冗員！

隋文帝對待這個亡國之君倒是不錯，起碼陳後主有自己的個人府第，而且生活無憂。

不知是否閑得無聊，某日他竟然求隋文帝給他一個官職。

隋文帝怎麼說？

叔寶此人全無心肝！

亡國之君請求在敵國當官，也真是前無古人後無來者！

所以他死後，隋朝人送他一個諡號：「煬」，跟隋朝暴君煬帝相同呢。

兩晉南北朝就此結束，之後我們到隋、唐、五代十國看看吧！

兩晉南北朝的文學發展

璀璨的六朝文化

自東漢末年至南北朝結束，中國的局勢一直處於動盪不安之中，先後有多個政權湧現，當中東吳、東晉、宋、齊、梁、陳六朝皆定都建康。雖然這些皇朝的國祚短暫，但相比北方地區卻享有較和平的日子，因此形成別樹一幟的氣質和特色，創造出璀璨瑰麗的「六朝文化」。

六朝文學是中國一大文化瑰寶。詩歌方面，東晉有著名的田園詩人陶淵明；到南朝時代，名家詩人更是輩出，如謝靈運、鮑照、顏延之等。而六朝駢賦家的作品亦傳誦古今，例如庾信的《哀江南賦》等。

除此之外，東晉的書法家王羲之、王獻之父子，為書法的一代名家；而畫家顧愷之的《洛神賦圖》、《女史箴圖》等畫作，更為後世工筆畫的典範。

六朝時代，佛、道兩教的發展非常蓬勃，其中佛教更得到梁武帝大力推動，單單在建康城的佛寺就多達五百多座，使中國佛教的發展達到高峯。

魏晉玄學家──竹林七賢

司馬氏把持魏國朝政，其後更建立晉朝，但朝局黑暗，政風頹靡。在政局混亂之際，玄學卻得到空前發展，甚至代替儒學成為主流思潮。

玄學主張放任自然，反對儒家名分和教化的束縛。玄學代表有阮籍、嵇康、山濤、劉伶、阮咸、向秀、王戎七位名士，他們常在竹林之下把酒暢飲共聚，世人稱之為「竹林七賢」。

竹林七賢以嵇康（嵇，粵音溪）和阮籍為首，所主張的思想各有不同，有些傾向道家「順其自然」思想，有些信奉雜以儒學的老莊思想，有些則主張禮教思想和自然合一。即使如此，他們均不拘禮法，志向相同地抵抗朝廷。

在當時的恐怖政治之下，竹林七賢為了直抒胸臆而不被朝廷所害，作品多使用比喻、象徵等間接手法，隱晦地諷刺朝廷，表現出當時文人的苦悶情緒。

田園詩人陶淵明

在動盪的政局中，不少文人志士願為朝廷效力，卻總是無功而回，田園詩人陶淵明就是其中之一。

陶淵明出生於沒落的官宦家族，卻有遠大的政治志向，一心想實現大濟蒼生的抱負，可惜仕途失意，只做過祭酒、參軍等小官。當他擔任彭澤縣令時，其貪官上司到來巡視，部屬皆勸他恭敬接待，但陶淵明「不為五斗米折腰」，不願為了縣令的五斗米薪酬而向小人獻媚，故此辭官歸去，不再出仕。而其妻翟氏亦安貧樂道，與他同甘共苦，過着「夫耕於前，妻鋤於後」的日子。

陶淵明回鄉後寄情於詩歌創作，寫下大量文學作品，著名的有《歸去來兮辭》、《桃花源記》等，皆展現返璞歸真、高遠脫俗的意境，並表達出不與世俗同流合污之志。陶淵明的作品清新自然，對唐代詩歌創作甚具影響，而宋代詩人蘇東坡更對他有「淵明詩初視若散緩，熟看有奇句」的評價。

集怪異奇聞大成的《搜神記》

東晉著名史學家、文學家干寶著有志怪小説《搜神記》，裏面記載了大量神仙鬼怪故事，不單生動有趣，而且深具警世意味。

據説干寶在其母死後，打開父親的墓穴，想將雙親合葬，竟發現十多年前為父親陪葬的侍婢伏在棺材上，她尚有體溫，而且容貌依舊。侍婢醒來，説是干父常常給她水和食物。此後，干寶對鬼神之事深感興趣，於是搜集天下古今神靈怪異之事，整理成三十卷（今存二十卷），起名為《搜神記》。

兩晉南北朝時期流行志怪小説，與當時的社會風氣有關。由於戰亂頻仍，政治、社會動盪不安，迷信思想大為流行，神鬼故事廣受歡迎。《搜神記》對後世亦影響深遠，唐人傳奇、宋以後的白話短篇小説、元明戲曲，乃至明清章回小説，都不乏從中汲取題材，清代蒲松齡所著的《聊齋誌異》也深受《搜神記》的影響，可見此書影響之深遠。

想一想

面對黑暗的政治局面，不少兩晉南北朝時期的文人都選擇歸隱避世，你是否贊同這種取態？

重點大事

公元 280 年
西晉滅吳，實現大
一統。

公元 291 年至 306 年
司馬氏諸王爭奪權位，
引發八王之亂。

公元 399 年至 402 年
孫恩之亂，最終被北府
兵鎮壓。

公元 383 年
淝水之戰，東晉
擊敗前秦。

公元 439 年
北魏統一北方，
北朝開始。

公元 420 年
劉裕建宋，東晉滅亡，
南朝開始。

公元 311 年
永嘉之亂，匈奴人攻入洛陽。

公元 316 年至 317 年
匈奴人滅西晉，北方進入「五胡十六國」時期；司馬睿建立東晉，建都建康。

公元 581 年
楊堅篡北周，建立隋朝。

公元 589 年
隋滅陳，統一南北。

遠古時代
夏 （公元前 2070 年至公元前 1600 年）
商 （公元前 1600 年至公元前 1046 年）
西周 （公元前 1046 年至公元前 771 年）
春秋 （公元前 770 年至公元前 403 年）
戰國 （公元前 403 年至公元前 221 年）
秦 （公元前 221 年至公元前 206 年）
漢 （公元前 206 年至公元 220 年）
三國 （公元 220 年至 280 年）
西晉 （公元 266 年至 316 年）
東晉 （公元 317 年至 420 年）
南北朝 （公元 420 年至 589 年）
隋 （公元 581 年至 618 年）
唐 （公元 618 年至 907 年）
五代十國 （公元 907 年至 960 年）
北宋 （公元 960 年至 1127 年）
南宋 （公元 1127 年至 1279 年）
元 （公元 1279 年至 1368 年）
明 （公元 1368 年至 1644 年）
清 （公元 1644 年至 1912 年）

中國歷史大冒險 ⑧

兩晉南北朝

作　　者：方舒眉
繪　　圖：馬星原
責任編輯：陳志倩
美術設計：陳雅琳
出　　版：新雅文化事業有限公司
　　　　　香港英皇道 499 號北角工業大廈 18 樓
　　　　　電話：（852）2138 7998
　　　　　傳真：（852）2597 4003
　　　　　網址：http://www.sunya.com.hk
　　　　　電郵：marketing@sunya.com.hk
發　　行：香港聯合書刊物流有限公司
　　　　　香港荃灣德士古道220-248號荃灣工業中心16樓
　　　　　電話：（852）2150 2100
　　　　　傳真：（852）2407 3062
　　　　　電郵：info@suplogistics.com.hk
印　　刷：Elite Company
　　　　　香港黃竹坑道65號志昌行中心25樓D室
版　　次：二〇一九年十月初版
　　　　　二〇二二年三月第二次印刷

ISBN: 978-962-08-7373-7
©2019 Sun Ya Publications (HK) Ltd.
18/F, North Point Industrial Building, 499 King's Road, Hong Kong
Published and printed in Hong Kong

鳴謝：
本書 P.125 圖片來自 Pixabay (http://pixabay.com)